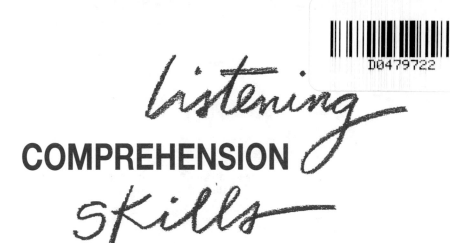

Listening
COMPREHENSION
skills

FOR INTERMEDIATE AND
ADVANCED STUDENTS

PREPARING FOR THE SAT II IN

Spanish

AND MORE!

JOSÉ M. DÍAZ

Longman

Listening Comprehension Skills for Intermediate and Advanced Students: Preparing for the SAT II in Spanish and More!

Longman, 10 Bank Street, White Plains, NY 10606

Associated companies:
Longman Group Ltd., London
Longman Cheshire Pty., Melbourne
Longman Paul Pty., Auckland
Copp Clark Longman Ltd., Toronto

Text credits: Directions for the Spanish Achievement Test with Listening selected from *Taking the Achievement Tests 1993–94,* College Entrance Examination Board, 1993. Reprinted by permission of Educational Testing Service, the copyright owner of the test questions.

Permission to reprint Achievement Test directions does not constitute review or endorsement by Educational Testing Service or the College Board of this publication as a whole or of any other questions or testing information it may contain.

Additional photos: Pages 74 (fig. 17), 76 (fig. 21), 81 (fig. 30), 83 (fig. 35), 84 (fig. 36), and 85 (figs. 39 and 40) by John Edelman

Executive editor: Lyn McLean
Production editor: Nik Winter
Text design: Pencil Point Studio
Cover design: Cavazos Art & Design, Inc.
Text art: Ray Skibinski
Production supervisor: Anne Armeny
Photographer: Beth Norman

ISBN 0-8013-0990-5

7 8 9 10-VG-03 02 01 00

For Elie
With gratitude for your encouragement and patience all these years.

Contents

Thematic Chapters

Listening Comprehension Practice for the SAT II

Acknowledgments

The author is very grateful to Raúl S. Rodríguez, Xaverian High School, for his continued encouragement throughout this and other projects and his careful review of the manuscript, invaluable feedback, and constructive criticism during the development of this book. Special thanks to Dr. Patricia C. Parr, Crescenta Valley High School, for providing insightful comments; María Elena Villalba, Miami Palmetto Senior High School, and Alberto Romero, The Hill School, for their review of the manuscript and their suggestions for improvement.

The author also wishes to express his appreciation to the following reviewers who provided valuable suggestions on the original proposal for this text: Michèle S. de Cruz-Sáenz, Wallingford-Swarthmore School District, Francesca Piana, Phillips Academy at Andover, John McMullen, The Hotchkiss School, and Viann Pederson, Concordia College.

Finally, the author is grateful to Lyn McLean, Executive Editor of Longman Publishing Group for her patience, guidance, and above all her vision to move this project forward; and to Aerin Csigay for his competent handling of the different aspects of this project.

Introduction

Listening Comprehension Skills for Intermediate and Advanced Students has been designed with several goals in mind. This book's objectives are twofold: to help the students improve their listening comprehension skills and at the same time to offer practice exercises. This will allow them to be better prepared for the *Spanish SAT II with Listening* and the listening comprehension section of the *Advanced Placement Examination.* Although the book's main purpose is to improve the students' listening comprehension skills, it also allows for vocabulary expansion and practice of two other skills: speaking and writing.

The book is divided into ten thematic chapters that allow students to experience a variety of selections in dialogue or narrative form. The themes have been chosen to cover a broad range of topics that the students might encounter in their daily lives or in a testing situation as they prepare for the *Spanish SAT II with Listening* or the *Advanced Placement Examination.* Although some of the items appearing on the *Spanish SAT II with Listening* are not the same as those of the *Advanced Placement Examination*, the exercises in this book provide a varied range of experiences to develop the students' listening comprehension skills for both exams.

Each chapter opens with the *Mira y describe* section, a visual that allows the teacher to review and introduce the vocabulary that will appear in that particular chapter as well as introduce students to the general theme. This section is followed by *Piensa y escribe*. Here students bring their personal experience to bear in exploring the theme further. In the *Estudia y repasa* section that follows, students will practice the new vocabulary and idiomatic expressions that they will hear in the listening selection. It also allows for vocabulary building. All these activities familiarize students with the theme and get them ready for the listening section, thus making the listening experience more effective. The *Escucha* section offers students an opportunity to listen for general concepts and the gist of what is being said as well as for more details.

The book also allows for integration of other skills. After the listening comprehension section, students will have the opportunity to put to use the vocabulary and the situation presented in the passages. The *Situaciones* section has been designed to develop further their speaking ability in a personalized manner in role-playing situations. It offers lively interactive activities intended to promote communicative proficiency, self-expression, and creative use of language. Although this section contains primarily speaking activities, the teacher may choose, depending on the need of the students, to use some of these exercises as writing activities.

Finally, the section *Un poco más de práctica* offers the type of questions that the students will encounter in the *Spanish SAT II with Listening*. The questions in this section are related to the theme of the chapter.

The second part of the book is devoted to practice for the *Spanish SAT II with Listening*. The underlying principle of these exercises is to develop students' comprehension skills, and to give students the confidence they need for the exam.

Part A contains a series of illustrations for which four statements are heard. The students are to choose the statement that best reflects what can be seen in the picture or what someone in the picture might say. Short conversations or parts of conversations are presented in Part B. The students will listen for and select the statement that most logically continues or completes the conversation. Part C consists of short listening selections—both dialogues and narratives. Students will have the questions printed in the textbook, which they can read while they are listening to the selection. Finally, Part D, which is *not* part of the *Spanish SAT II with Listening,* gives teachers the opportunity to offer students further practice with extended dialogues or monologues. This section is particularly appropriate for those students who are thinking of taking the *Advanced Placement Examination* because extended selections are part of that examination.

This book offers a great deal of flexibility for you, the teacher. Most exercises lend themselves to individual or group work. In some classes you might want to have students work in the *Mira y describe* section in groups of three or four. Another group of exercises which lends itself to this type of activity is the *Situaciones* section. In some of these exercises, such as making a telephone call or re-enacting an interview, students perform the task in pairs. Other exercises may be assigned as group activities.

The teacher may also be selective with the number of exercises done before the actual listening takes place. In some chapters the teacher may decide to skip one or two exercises and go directly to the listening comprehension section. Although this is not always recommended, the teacher may want to do this as the students become more confident in later chapters.

Three audiocassettes accompany the text. A Teacher's Guide containing the scripts and answers to all exercises is also available.

We hope that this book will provide you with another tool to facilitate the teaching of Spanish as well as improve the students' comprehension skills.

Listening COMPREHENSION *skills*

FOR INTERMEDIATE AND ADVANCED STUDENTS

1

En un hotel

el/la gerente

el/la recepcionista

el ordenador / la computadora

el vestíbulo

la llave

el botones

RECEPCIÓN

la reserva / la reservación

las maletas

Mira y describe

Look at the drawing and describe the scene in as much detail as possible. You may use the vocabulary in the drawing to help you with your description.

Piensa y escribe

Read the following questions and think about the answers. Before sharing your responses with your classmates, make a list of key words or take notes to help you with the discussion.

1. Haz una lista de las cosas que necesitas llevar cuando viajas a uno de los siguientes lugares o eventos:

la playa	una entrevista	una boda

2. Tú llegas al hotel donde has hecho una reservación pero el / la recepcionista no la encuentra . . . ¿qué haces?

_____

_____

3. ¿Qué debes tener en cuenta cuando haces una reservación para una habitación en un hotel? Discute el lugar del hotel, el tipo de habitación, aparatos que deseas en la habitación, etc.

_____

_____

_____

_____

Estudia y repasa

Study the following words and expressions. They will help you understand the dialogue you will hear. Then complete the sentences below with the appropriate word or expression. Remember that you may have to change the ending of the nouns or adjectives, or conjugate the verbs.

cuadra *city block*	molestia *bother; trouble*
de antemano *beforehand*	quedar *to remain*
disponible *available*	quedarse *to stay*
equivocado *mistaken*	

1. ¿Cuántas _____ tienes que caminar para llegar al restaurante? No conozco este barrio.

2. Nunca es una _____ ayudar a mis amigos; ellos son muy amables.

3. Mis primos siempre quieren _____ en mi casa porque nos divertimos mucho.

4. Julia, trece menos seis no son ocho. Estás _____.

5. En ese hotel no tienen habitaciones _____; todas están ocupadas.

6. El señor Sánchez siempre hace sus reservaciones _____, así no tiene problemas de último momento.

7. No _____ muchas personas en el vestíbulo del hotel; todos se han ido a sus habitaciones.

Escucha

You will now listen to a dialogue that takes place at the reception desk of a hotel. First read the questions below so that you know what information you will need. Then listen to the dialogue and answer the questions.

1. ¿Quiénes hablan en el diálogo? _____

_____

2. ¿Qué problema tiene el señor Sánchez?

_____

3. ¿Qué le sugiere la gerente al señor al final del diálogo?

_____

_____

_____

Más detalles

Listen to the dialogue again and complete the following sentences.

1. El nombre del hombre no aparece en _____.

2. _____ hizo la reserva.

3. Hace _____ que ella hizo la reserva.

4. El hotel generalmente envía una confirmación por _____.

5. El hombre está ahora en _____.

6. El hotel Carlos V está _____.

Situaciones

Try to use the following expressions in the situations below.

a mi parecer . . .   *in my opinion . . .*
es demasiado . . .   *it is too . . .*
me parece absurdo   *it seems absurd*
quisiera saber . . .   *I would like to know*

A. Imagina que tienes que hacer una llamada para hacer una reserva en un hotel. Uno de tus compañeros va a hacer el papel de recepcionista.

B. ¿Qué le recomendarías a una persona para cuando haga una reserva en un hotel? Compara tu respuesta con la de uno de tus compañeros.

Un poco más de práctica

Part A

DIRECTIONS: For each item in this part, you will hear four sentences designated *a, b, c,* and *d.* They will not be printed in your book. As you listen, look at the picture in your book and select the choice that best reflects what you see in the picture or what someone in the picture might say. Remember, you will hear the choices only once. Now listen to the four sentences.

a.   b.   c.   d.

Part B

DIRECTIONS: You will now hear two short selections. For each selection, you will see printed in your book one or more questions with four possible answers. They will not be spoken. Select the best answer to each question from among the four choices printed and circle the corresponding letter. You will have 12 seconds to answer each question.

Selección número 1

1.   ¿Dónde está el señor?

    a.   En un hotel.

    b.   En una estación de trenes.

    c.   En un aeropuerto.

    d.   En un autobús.

2.   ¿Qué no le permite dormir al señor?

    a.   El viento.

    b.   El ruido.

    c.   El calor.

    d.   La altura.

Selección número 2

1.   ¿Qué personas estarían interesadas en este anuncio?

    a.   Mecánicos.

    b.   Turistas.

    c.   Policías.

    d.   Conductores.

El trabajo escolar y la televisión

Mira y describe

Look at the drawing and describe the scene in as much detail as possible.

Piensa y escribe

Read the following questions and think about the answers. Before sharing your responses with your classmates, make a list of key words or take notes to help you with the discussion.

1. ¿Cómo y cuándo te gusta estudiar? Describe el lugar donde te gusta estudiar, las horas que crees son más productivas, etc.

_____

_____

_____

2. ¿Qué efectos tiene mirar demasiado la televisión?

_____

_____

3. ¿En qué actividades participas para relajarte después de estudiar mucho?

_____

_____

4. ¿Qué responsabilidades tienes en tu casa? ¿Piensas que estas responsabilidades interfieren con tu trabajo de la escuela? ¿Por qué?

_____

_____

_____

Estudia y repasa

Study the following words and expressions, as they will help you understand the dialogue you will hear.

a eso de . . . *at about . . .*
dejar de + infinitivo *to stop . . .*
depender de *to depend on*
distraerse *to amuse or enjoy oneself*
entretenido *entertaining; amusing*
fijarse en *to pay attention to; to take notice of*
por lo menos *at least*
relajarse *to relax*
se me va el tiempo de entre las manos *time is slipping away*
tener razón *to be right*
tratar de + infinitivo *to try to . . .*

A. Complete the sentences below with the appropriate word or expression. Remember that you may have to change the ending of the nouns or adjectives, or conjugate the verbs.

a eso de . . . / dejar de + infinitivo / depender de / distraerse / entretenido / relajarse

1. ¿Qué haces tú para _____ después de un largo día de trabajo?

2. Los programas policíacos son muy _____.

3. Para _____, voy a los partidos de baloncesto.

4. ¡Sara, _____ hablar! Estoy tratando de ver el noticiero.

5. Yo me acuesto generalmente _____ las once.

6. Mirar la televisión no es siempre malo, todo _____ qué tipo de programa miras.

B. Write complete sentences with the following expressions.

fijarse en / por lo menos / se me va el tiempo de entre las manos / tener razón / tratar de + infinitivo

1. _____

2. _____

3. _____

4. _____

5. _____

Escucha

You will now listen to a dialogue that takes place at a school. First read the questions below so that you know what information you will need. Then listen to the dialogue and answer the questions.

1. ¿Cuál es el problema que tiene Manuel?

_____

2. ¿Qué hace Manuel por la noche?

_____

3. ¿Qué le sugiere Elena a Manuel?

_____

_____

Más detalles

Listen to the dialogue again and complete the following sentences.

1. Después de la escuela, Manuel _____

    _____.

2. Manuel llega a su casa _____.

3. Cuando su mamá llega del trabajo, Manuel _____.

4. Según Manuel, él mira la televisión porque _____.

5. Entre los programas que Elena mira están _____.

6. Aunque Manuel cree que no aprende mucho de los programas, él piensa que son

    _____.

7. Una de las sugerencias que Elena le da a Manuel es _____

    _____.

8. Al final del diálogo, Manuel le promete a Elena _____.

Situaciones

Try to use the following expressions in the situations below.

> por eso   *therefore; that's why*
> de todos modos   *anyway*
> consistir en   *to consist of*
> opinar que   *to be of the opinion that*

A. Uno de tus amigos parece estar mirando demasiado la televisión. Trata de convencerlo(la) para que se ocupe más de sus estudios. Otro compañero o compañera de clase va a hacer el papel de la otra persona.

B. Esta noche van a transmitir un programa que te interesa mucho. Convence a tu madre o padre para que te permita mirarlo.

C. Haz una encuesta entre los estudiantes de tu clase acerca de sus costumbres de mirar la televisión. Escribe ocho preguntas que les harías para luego hacer un breve informe a la clase.

Un poco más de práctica

Part A

DIRECTIONS: For each item in this part, you will hear four sentences designated *a, b, c,* and *d.* They will not be printed in your book. As you listen, look at the picture in your book and select the choice that best reflects what you see in the picture or what someone in the picture might say. Remember, you will hear the choices only once. Now listen to the four sentences.

a.   b.   c.   d.

Part B

DIRECTIONS: You will now hear two short selections. For each selection, you will see printed in your book one or more questions with four possible answers. They will not be spoken. Select the best answer to each question from among the four choices printed and circle the corresponding letter. You will have 12 seconds to answer each question.

Selección número 1

1. ¿Qué quiere hacer Raúl en su cuarto?

   a. Hacer la tarea.

   b. Hablar con su hermano.

   c. Dormir tarde.

   d. Escuchar música.

2. ¿Qué le prohibe la madre a Raúl?

   a. Ir al parque.

   b. Acostarse tarde.

   c. Jugar con su hermano.

   d. Trabajar en su cuarto.

Selección número 2

1. ¿Cuál es el propósito de este anuncio?

   a. Resumir las noticias del día.

   b. Anunciar un cambio de programación.

   c. Hacer una invitación a un desfile.

   d. Presentar una nueva novela.

2. ¿Qué podrán ver más tarde los televidentes?

   a. El noticiero.

   b. El desfile.

   c. La película.

   d. La novela.

CAPÍTULO

3

En un restaurante

Mira y describe

Look at the drawing and describe the scene in as much detail as possible.

15

Piensa y escribe

Read the following questions and think about the answers. Before sharing your responses with your classmates, make a list of key words or take notes to help you with the discussion.

1. ¿A qué tipo de restaurante te gusta ir? ¿Por qué?

   _____

   _____

2. Describe la última vez que fuiste a un restaurante. Describe el ambiente, la(s) persona(s) con quien fuiste, el menú, el precio, etc.

   _____

   _____

   _____

   _____

3. ¿Cuáles son las características de un buen restaurante?

   _____

   _____

   _____

4. Quieres preparar una cena para tus amigos. Piensa en lo que les gusta a ellos y escribe un menú que les gustaría. Recuerda incluir: aperitivos, plato principal, postre, bebidas, etc.

   _____

   _____

   _____

   _____

   _____

Estudia y repasa

Study the following words and expressions, as they will help you understand the dialogue you will hear.

asegurarse   *to make sure*
echar a perder   *to spoil*
escoger   *to choose*
estar listo   *to be ready*
estar seguro   *to be sure*

inolvidable   *unforgettable*
ocupado   *busy*
olvidarse de   *to forget*
parecer   *to seem*
por supuesto   *of course*
quejarse   *to complain*

A. Complete the sentences below with the appropriate word or expression. Remember that you may have to change the ending of the nouns or adjectives, or conjugate the verbs.

asegurarse / escoger / inolvidable / ocupado / olvidarse de / parecer / quejarse

1. Este restaurante es fabuloso; hay tantos platos que no sé qué _____.

2. Celeste tuvo que _____ al mesero porque la sopa estaba fría.

3. Hay mucha gente esperando; _____ que este restaurante es muy popular.

4. Gracias por la invitación. Esta cena ha sido _____; siempre la recordaré.

5. Si quieres agua, pídela ahora pues el mesero está muy _____; todas las mesas están llenas.

6. ¿Puedes pagar tú? No tengo dinero. _____ traer la cartera.

7. Es importante _____ que en ese restaurante acepten tarjetas de crédito, así no tendremos problemas al pagar la cuenta.

B. In the dialogue that you will be hearing there is reference to several dishes. Look at the list below and try to guess what the different dishes are.

chuletas asadas _____   camarones al ajillo _____

chorizo frito _____   paella _____

papas fritas _____   sopa de pescado _____

sopa de vegetales _____   arroz _____

C. Write complete sentences with the following expressions.

estar seguro / echar a perder / estar listo / por supuesto

1. _____

2. _____

3. _____

4. _____

Escucha

You will now listen to a dialogue that takes place at a restaurant. First read the questions below so that you know what information you will need. Then listen to the dialogue and answer the questions.

1. ¿Por qué está enojado José al principio del diálogo?

   _____

2. ¿Qué problemas tienen José y Carmen con la comida que piden?

   _____

   _____

3. ¿Cómo reacciona José al final del diálogo?

   _____

   _____

Más detalles

Listen to the dialogue again and complete the following sentences.

1. Carmen y José tuvieron que esperar _____.

2. La comida en el restaurante es _____.

3. El mesero les dice que no tienen _____ y que se ha terminado _____.

4. No hay pollo frito, pero hay _____.

5. La cena va a estar lista en media hora porque _____.

6. José no va a permitir que _____
   porque hace mucho tiempo que no ve a Carmen.

Situaciones

Try to use the following expressions in the situations below.

morirse de hambre *to starve to death*
ni siquiera *not even*
no faltaba más *of course; the very idea!*
saber bien (mal) *to taste good (bad)*
tener vergüenza *to be ashamed*
trato hecho *it's a deal*

A. Convence a un amigo o amiga para que vaya contigo a un restaurante este fin de semana.

B. Vas a un restaurante y el plato que pides no es como pensabas o no sabe bien. Explícale al camarero(a) que no quieres ese plato y explícale por qué.

C. Vas a un restaurante con un(a) amigo(a) y al pagar la cuenta te das cuenta de que no tienes dinero. ¿Qué harías? Explica detalladamente.

D. Quieres ir a un restaurante muy famoso en el lugar donde vives. Como este lugar es muy especial, quieres invitar a una persona con quien te vas a divertir mucho. ¿A quién invitarías? ¿Por qué? Esta persona puede ser una persona famosa, un actor o una actriz, etc.

Un poco más de práctica

Part A

DIRECTIONS: For each item in this part, you will hear four sentences designated *a, b, c,* and *d.* They will not be printed in your book. As you listen, look at the picture in your book and select the choice that best reflects what you see in the picture or what someone in the picture might say. Remember, you will hear the choices only once. Now listen to the four sentences.

a.   b.   c.   d.

Part B

DIRECTIONS: You will now hear two short selections. For each selection, you will see in your book one or more questions with four possible answers. They will not be spoken. Select the best answer to each question from among the four choices printed and circle the corresponding letter. You will have 12 seconds to answer each question.

Selección número 1

1.   ¿Qué se puede hacer en este lugar?

    a.   Cocinar.

    b.   Pescar.

    c.   Comer.

    d.   Jugar.

Selección número 2

1.   ¿Dónde están Alicia y Jorge?

    a.   En una tienda.

    b.   En un restaurante.

    c.   En un banco.

    d.   En un teatro.

2.   ¿Qué problema tiene Alicia?

    a.   No tiene qué comer.

    b.   No tiene dinero.

    c.   No puede encontrar la cuenta.

    d.   No le gusta el lugar.

En la agencia de empleo

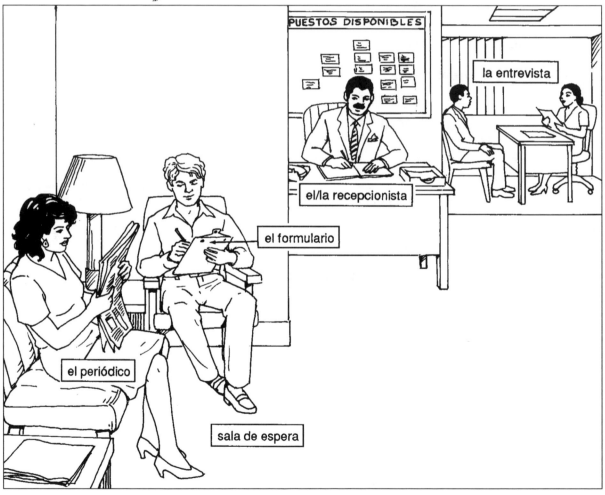

Mira y describe

Look at the drawing and describe the scene in as much detail as possible. You may use the vocabulary in the drawing to help you with your description.

Piensa y escribe

Read the following questions and think about the answers. Before sharing your responses with your classmates, make a list of key words or take notes to help you with the discussion.

1. ¿Qué tipo de trabajo te gustaría hacer? Explica por qué.

   _____

   _____

2. ¿Cuáles son las características más importantes de un buen trabajo?

   _____

   _____

   _____

3. Escribe las cualidades que piensas que son necesarias para los siguientes trabajos.

   médico(a) _____

   mesero(a) _____

   profesor(a) _____

   taxista _____

   arquitecto(a) _____

   telefonista _____

   guía turístico _____

Estudia y repasa

Study the following words and expressions. They will help you understand the dialogue you will hear. Then complete the sentences below with the appropriate word or expression. Remember that you may have to change the ending of the nouns or adjectives, or conjugate the verbs.

además *besides*
agradar *to please; to gratify*
cita *appointment*
conocimientos *knowledge*
conseguir *to get; to obtain*
mudarse *to move into another house; to change quarters*
negocios *businesses*
no importa *it doesn't matter*
pasillo *the hall*
puesto *post; position*
revisar *to review*

1. Si el profesor no ha llegado nosotros lo esperamos en el _____.

2. Este verano voy a buscar un _____ en un campamento.

3. Los padres de Ernesto no pueden encontrar trabajo aquí; ellos van a _____ a otro estado.

4. Estudio español porque quiero usar mis _____ para viajar por Sudamérica; _____, es una lengua muy práctica.

5. La madre de Sara trabaja para una compañía internacional; ella es una mujer de _____.

6. _____ si no tienes experiencia; ese puesto no la requiere.

7. Necesito una _____ con mi consejero; no sé qué carrera voy a estudiar y quiero que él me ayude a decidir.

8. Angela, ¿puedes _____ mi formulario? Quiero asegurarme de que no tenga errores.

9. ¿Por qué no trabajas en la biblioteca? Estoy seguro de que te va a _____ mucho.

10. ¿Qué tipo de puesto puedo _____ con mi experiencia?

Escucha

You will now listen to a dialogue that takes place at an employment agency. First read the questions below so that you know what information you will need. Then listen to the dialogue and answer the questions.

1. ¿Qué problema tiene el señor López?

_____

_____

2. ¿Qué conocimientos o experiencia tiene el señor López?

_____

_____

3. ¿Cómo puede conseguir una entrevista el señor López?

_____

_____

Más detalles

Listen to the dialogue again and complete the following sentences.

1. Para llegar a la oficina de la señora Guerrero, el señor López tiene que

   _____.

2. El señor López no ha conseguido trabajo porque _____.

3. El señor López dejó su último puesto porque la compañía donde trabajaba

   _____.

4. El señor López estudió _____ en la universidad.

5. La señora Guerrero le dice que él podrá usar sus conocimientos de

   _____.

6. En esos días, el señor López solamente va a _____ y el
   resto del tiempo lo pasa _____

   _____.

Situaciones

Try to use the following expressions in the situations below.

atreverse a   *to dare to*
dentro de poco *shortly*
en cambio   *on the other hand*
en vez de   *instead of*
por lo visto   *apparently*

A. Un amigo o amiga está muy preocupado(a) porque no encuentra trabajo desde
   hace mucho tiempo. ¿Qué sugerencias le darías? Uno de tus compañeros de clase
   va a hacer el papel de la otra persona y te hará preguntas.

B. Uno de tus amigos tiene una entrevista para un puesto que le interesa mucho. ¿Qué sugerencias le darías para la entrevista? Incluye en tus sugerencias la manera en que se debe vestir, las preguntas que debe o no debe hacer a la persona que lo / la entrevista, etc.

Un poco más de práctica

Part A

DIRECTIONS: For each item in this part, you will hear four sentences designated *a, b, c,* and *d.* They will not be printed in your book. As you listen, look at the picture in your book and select the choice that best reflects what you see in the picture or what someone in the picture might say. Remember, you will hear the choices only once. Now listen to the four sentences.

a.   b.   c.   d.

Part B

DIRECTIONS: You will now hear two short selections. For each selection, you will see in your book one or more questions with four possible answers. They will not be spoken. Select the best answer to each question from among the four choices printed and circle the corresponding letter. You will have 12 seconds to answer each question.

Selección número 1

1.   ¿Qué no puede encontrar el chico?
   a.   Su raqueta.
   b.   Su tarea.
   c.   El campamento.
   d.   Un trabajo.

2.   ¿Qué tipo de clase enseña el chico?
   a.   De conducir.
   b.   De ecología.
   c.   De deporte.
   d.   De baile.

Selección número 2

1.   ¿Qué tipo de programas se anuncia?
   a.   Para radios.
   b.   Para televisores.
   c.   Para computadoras.
   d.   Para videocaseteras.

2.   ¿Quiénes estarían interesados en este anuncio?
   a.   Las personas que quieren facilitar su trabajo.
   b.   Las personas que quieren aprender español.
   c.   Las personas aficionadas a los deportes.
   d.   Las personas interesadas en literatura.

Un club indispensable

Mira y describe

Look at the picture sequence and describe it in as much detail as possible. You may use the vocabulary in the drawings to help you with your description.

Piensa y escribe

Read the following questions and think about the answers. Before sharing your responses with your classmates, make a list of key words or take notes to help you with the discussion.

1. ¿Qué piensas de los jóvenes que beben bebidas alcohólicas?

   _____

   _____

2. ¿Por qué será que algunos jóvenes necesitan beber bebidas alcohólicas?

   _____

   _____

   _____

3. ¿Qué podemos hacer para evitar el problema de los jóvenes que beben y conducen?

   _____

   _____

   _____

Estudia y repasa

Study the following words and expressions, as they will help you understand the dialogue you will hear.

aun   *even*
consejero   *adviser*
convencer   *to convince*
darse cuenta de   *to realize*
de acuerdo   *agreed*
esfuerzo   *effort*
estupendo   *wonderful; great*
ha habido   *there has been*
maduro   *mature*
propósito   *purpose*
valer la pena   *to be worth*

A. Complete the sentences below with the appropriate word or words.

aun / el consejero / convencer / esfuerzo / estupendo / ha habido / maduro / el propósito

1. Laura sacaba buenas notas _____ sin estudiar.

2. Ayer Eduardo me _____ de que el club tiene posibilidades.

3. _____ me ayuda mucho con los planes del club y nos apoya mucho.

4. Pon tus _____ en algo que valga la pena, así no perderás el tiempo.

5. _____ del club es ayudar a los estudiantes que necesitan información.

6. Carlos no parece muy _____; se pasa todo el tiempo haciendo chistes.

7. Esta mañana _____ un accidente en la esquina.

8. ¡_____! Me alegro de que te hayas unido al grupo.

B. Write complete sentences with the following expressions.

valer la pena / darse cuenta de / de acuerdo

1. _____

2. _____

3. _____

Escucha

You will now listen to a dialogue that takes place at a school. First read the questions below so that you know what information you will need. Then listen to the dialogue and answer the questions.

1. ¿Qué quieren hacer Adela y Enrique? ¿Con qué fin?

_____

_____

_____

2. ¿Con quiénes van a hablar Adela y Enrique al final del diálogo?

_____

Más detalles

Listen to the dialogue again and complete the following sentences.

1. Los estudiantes expresaron interés en _____

_____.

2. Ha habido _____ últimamente.

3. Hay personas que no saben divertirse sin _____.

4. Adela y Enrique comienzan un club para _____.

5. Adela y Enrique van a invitar a _____
    _____.

6. Ellos necesitan un profesor que sirva de _____.

7. Esta noche Adela va a llamar a Enrique para _____
    _____.

Situaciones

Try to use the following expressions in the situations below.

hacer caso   *to pay attention*
a causa de   *because of*
hacer(se) daño   *to harm; to hurt (oneself)*
ponerse de acuerdo   *to come to an agreement*
poner una multa   *to give a fine (traffic ticket)*

A. Imagina que quieres empezar un club en tu escuela. El club puede ser uno como el que se describe en el diálogo u otro que te interese. Trata de convencer a uno de tus compañeros para que te ayude a formar tal club. Tu compañero o compañera te hará preguntas sobre el propósito, las actividades, etc.

B. Imagina que eres miembro de un club en la escuela. Últimamente los estudiantes no parecen estar interesados en las actividades del club. ¿Cómo convencerías a tus compañeros para que vinieran más a menudo? ¿Qué tipo de actividades te gustaría tener?

C. Tú te enteras de que uno de tus compañeros de clase está bebiendo bebidas alcohólicas durante los fines de semana. ¿Llamarías a sus padres? ¿Qué consejos le darías? ¿Cuáles son algunas de las alternativas que tienen los jóvenes para divertirse sin beber bebidas alcohólicas?

Un poco más de práctica

Part A

DIRECTIONS: For each item in this part, you will hear four sentences designated *a, b, c,* and *d.* They will not be printed in your book. As you listen, look at the picture in your book and select the choice that best reflects what you see in the picture or what someone in the picture might say. Remember, you will hear the choices only once. Now listen to the four sentences.

a.   b.   c.   d.

Part B

DIRECTIONS: You will now hear two short selections. For each selection, you will see printed in your book one or more questions with four possible answers. They will not be spoken. Select the best answer to each question from among the four choices printed and circle the corresponding letter. You will have 12 seconds to answer each question.

Selección número 1

1.   ¿Quiénes estarían interesados en este anuncio?

a.   Las personas que viajan en coche.

b.   Las personas que andan a pie.

c.   Las personas que toman el metro.

d.   Las personas que corren en el puente.

Selección número 2

1.   ¿Dónde está la pareja?

a.   En un avión.

b.   En un coche.

c.   En un tren.

d.   En un barco.

2.   ¿A dónde va esta pareja?

a.   Al aeropuerto.

b.   Al campo.

c.   A la casa.

d.   A la oficina.

3.   ¿Por qué está preocupada la mujer?

a.   Porque hay mucha gente en la calle.

b.   Porque no hay nadie en su casa.

c.   Porque cree que están perdidos.

d.   Porque no van a llegar a tiempo.

Una mujer digna de reconocimiento

Mira y describe

Look at the drawing and describe the scene in as much detail as possible. You may use the vocabulary in the drawing to help you with your description.

Piensa y escribe

Read the following questions and think about the answers. Before sharing your responses with your classmates, make a list of key words or take notes to help you with the discussion.

1. ¿Qué representa el Premio Nobel? ¿Conoces el nombre de algún ganador del Premio Nobel? ¿Qué sabes de él o ella?

_____

_____

_____

_____

2. ¿Por qué es importante reconocer a personas que trabajan para el bienestar de la humanidad?

_____

_____

_____

3. ¿Piensas que la sociedad pone demasiado énfasis en la competencia y los premios? Explica tu respuesta.

_____

_____

_____

_____

Estudia y repasa

Study the following words and expressions, as they will help you understand the narrative you will hear.

alcanzar   *to reach*
callada   *silenced*
como era de esperar   *as might have been expected*
conocida   *known*
cruzada   *crusade*
derechos humanos   *human rights*
destacado   *outstanding*
enterarse de   *to find out*
fondo   *fund*

incansable   *tireless*
otorgar   *to grant*
presionar   *to pressure*
quiché   *Indian tribe of Guatemala*

A. Complete the sentences below with the appropriate word or words. Remember that you may have to change the ending of the nouns or adjectives, or conjugate the verbs.

alcanzar / callada / derechos humanos / destacado / fondo / otorgar / presionar / quiché

1. La civilización de los _____ fue notable en relación con la de los mayas.

2. En muchos países cuando alguien protesta, el gobierno trata de mantener su voz _____.

3. Cesar Chavez fue un chicano que se distinguió por su lucha por los _____.

4. Para los chicanos Cesar Chavez es uno de los hombres más _____ de su pueblo.

5. Hay muchos hispanos que han _____ el reconocimiento del Comité del Premio Nobel.

6. Muchos ganadores establecen un _____ para el beneficio de los que necesitan ayuda.

7. A Gabriel García Márquez le _____ el Premio Nobel de Literatura en el año 1972.

8. Algunas personas han tratado de _____ al Comité del Premio Nobel para que le de el Premio a Jorge Luis Borges.

B. Write complete sentences with the following words or expressions.

incansable / conocida / cruzada / enterarse de / como era de esperar

1. _____

2. _____

3. _____

4. _____

5. _____

Escucha

You will now listen to a short narrative about Rigoberta Menchú, a Guatemalan woman. First read the questions below so that you know what information you should listen for. Then listen to the narrative and answer the questions.

1. ¿Quién es Rigoberta Menchú?

   _____

   _____

2. ¿Por qué le otorgaron el Premio Nobel de la Paz?

   _____

   _____

3. ¿Para qué sirvió el libro que escribió?

   _____

   _____

   _____

Más detalles

Listen to the narrative again and complete the following sentences about Rigoberta Menchú.

1. Rigoberta Menchú se hizo famosa por defender _____.

2. Ella vive ahora en _____.

3. La madre y varios hermanos de Rigoberta Menchú murieron a causa de

   _____.

4. En comparación a otros ganadores del Premio Nobel, ella es

   _____.

5. En el libro que escribió, ella describe _____

   _____.

6. El gobierno de Guatemala trató de _____

   _____.

Situaciones

Try to use the following expressions in the situations below.

sobre todo   *above all; especially*
por lo tanto   *therefore*
atreverse   *to dare*
en lugar de   *instead of*

A. Uno de tus compañeros ha participado en una competición deportiva pero no ha ganado. ¿Qué harías para animarlo?

B. Escoge una persona que haya luchado por los derechos de una clase no privilegiada y explica por qué es digno o digna de admiración.

C. Si tú pudieras nombrar a una persona digna del Premio Nobel en las siguientes categorías, ¿a quién nombrarías y por qué?

Premio Nobel de la Paz . . .

Premio Nobel de Literatura . . .

Premio Nobel de Medicina . . .

Un poco más de práctica

Part A

DIRECTIONS: For each item in this part, you will hear four sentences designated *a, b, c,* and *d*. They will not be printed in your book. As you listen, look at the picture in your book and select the choice that best reflects what you see in the picture or what someone in the picture might say. Remember, you will hear the choices only once. Now listen to the four sentences.

a.   b.   c.   d.

Part B

DIRECTIONS: You will now hear two short selections. For each selection, you will see printed in your book one or more questions with four possible answers. They will not be spoken. Select the best answer to each question from among the four choices printed and circle the corresponding letter. You will have 12 seconds to answer each question.

Selección número 1

1. ¿Por qué está contenta la muchacha?

    a. Porque han cancelado la clase de baloncesto.

    b. Porque no tiene que ir al partido de baloncesto.

    c. Porque sus amigos van a ir con ella a una fiesta.

    d. Porque va a participar en unos eventos deportivos.

Selección número 2

1. ¿Qué pensaba hacer el Sr. Moreno?

    a. Escribir un libro.

    b. Filmar una película.

    c. Comprar un supermercado.

    d. Narrar un documental.

2. ¿Qué propósito tenía uno de sus proyectos?

    a. Celebrar la historia de México.

    b. Desarrollar guiones para películas.

    c. Ayudar a los necesitados.

    d. Abrir una tienda de alimentos.

CAPÍTULO

7

Nuestra música folklórica

Mira y describe

Look at the drawing and describe the scene in as much detail as possible.

Piensa y escribe

Read the following questions and think about the answers. Before sharing your responses with your classmates, make a list of key words or take notes to help you with the discussion.

1. ¿Qué tipo de música te gusta? Explica por qué.

    _____

    _____

2. ¿Cuándo escuchas música? ¿Por qué escuchas música en esos momentos?

    _____

    _____

3. ¿Cuál es tu cantante o grupo musical favorito? Explica por qué te gusta.

    _____

    _____

Estudia y repasa

Study the following words and expressions, as they will help you understand the narrative you will hear.

acabar de + infinitivo   *to have just finished*
andenes   *train platforms*
años atrás   *years past*
cadenas   *chains*
casi   *almost*
deleitar   *to please; to delight*
enseñanza   *instruction*
ondas   *waves*
oyentes   *listeners*
ruidoso   *noisy*
sacar   *to bring out; to produce*
sin duda (alguna)   *without (any) doubt*
tener éxito   *to be successful*

A.   Give the antonyms of the following words.

silencioso _____   aburrir _____

fracasar _____

B. Complete the sentences below with the appropriate word or words.

sacar / oyentes / el andén / casi

1. Ayer me encontré con Pedro en _____ cuando esperaba el tren.

2. Mi estación de radio favorita tiene un gran número de _____.

3. Ya tengo _____ cincuenta cassettes de música latinoamericana.

4. Los Rolling Stones acaban de _____ un nuevo disco.

C. Write complete sentences with the following expressions.

sin duda / tener éxito / acabar de + infinitivo

1. _____

2. _____

3. _____

Escucha

You will now listen to a short narrative about Hispanic folk music in the United States. First read the questions below so that you know what information you will need. Then listen to the narrative and answer the questions.

1. ¿Qué cambio ha ocurrido en el público de la música folklórica latinoamericana?

_____

_____

2. ¿Dónde se pueden comprar discos y cassettes de música latinoamericana hoy?

_____

_____

3. ¿Qué efectos tiene la música latinoamericana en los oyentes norteamericanos?

_____

_____

Más detalles

Listen to the narrative again and complete the following sentences.

1. La música latinoamericana ha infiltrado las ondas de _____.

2. Es sorprendente cómo algunos de los grupos han llegado a _____
_____.

3. El grupo Antara del Barrio empezó a tocar su música en _____
_____.

4. Hoy día se pueden comprar discos y cintas de música latinoamericana en _____
_____.

5. La música latinoamericana sirve de _____ a los norteamericanos.

Situaciones

Try to use the following expressions in the situations below.

a mi parecer . . .   *in my opinion*
tener ganas de . . .   *to feel like*
¿Qué te parece . . . ?   *What do you think of . . . ?*
tener que ver con . . .   *to have to do with . . .*
oír hablar de . . .   *to hear about . . .*

A. Prepara un breve informe para la clase explicando lo que la música representa
para ti. ¿Por qué te gusta escuchar música? ¿Cómo te sientes cuando escuchas
música?, etc.

B. Tú quieres ir a un concierto de un nuevo grupo musical. Convence a un compañero o compañera de clase para que vaya contigo. Recuerda que esta persona no conoce al grupo y que le tienes que describir en detalle todo lo que sabes del grupo. Incluye la fecha, la hora y el precio de los boletos para el concierto. Un compañero o compañera hará el otro papel y te hará preguntas.

Un poco más de práctica

Part A

DIRECTIONS: For each item in this part, you will hear four sentences designated *a, b, c,* and *d*. They will not be printed in your book. As you listen, look at the picture in your book and select the choice that best reflects what you see in the picture or what someone in the picture might say. Remember, you will hear the choices only once. Now listen to the four sentences.

a.   b.   c.   d.

Part B

DIRECTIONS: You will now hear two short selections. For each selection, you will see printed in your book one or more questions with four possible answers. They will not be spoken. Select the best answer to each question from among the four choices printed and circle the corresponding letter. You will have 12 seconds to answer each question.

Selección número 1

1.   ¿Quién estaría interesado en este anuncio?

    a.   Una persona a quien le gusta la geografía.

    b.   Una persona a quien le gusta el cine.

    c.   Una persona a quien le gusta el baile.

    d.   Una persona a quien le gustan los deportes.

Selección número 2

1.   ¿Dónde se oye este anuncio?

    a.   En una discoteca.

    b.   En un cine.

    c.   En un teatro.

    d.   En una tienda.

2.   ¿Quién es Paquito Fernández?

    a.   Un músico.

    b.   Un obrero.

    c.   Un actor.

    d.   Un deportista.

La radio hispana en EE. UU.

Mira y describe

Look at the drawing and describe the scene in as much detail as possible.

Piensa y escribe

Read the following questions and think about the answers. Before sharing your responses with your classmates, make a list of key words or take notes to help you with the discussion.

1. ¿Cuáles son las ventajas de tener una radio en el coche?

    _____

    _____

2. ¿Te gusta escuchar la radio? Explica por qué.

    _____

    _____

3. ¿Tienes una estación de radio favorita? Explica por qué te gusta.

    _____

    _____

    _____

4. ¿Cuáles son las características de un buen locutor o de una buena locutora?

    _____

    _____

    _____

Estudia y repasa

Study the following words and expressions, as they will help you understand the narrative you will hear.

campo de batalla *battlefield*	gigantesca *gigantic*
concentrarse *to concentrate*	gusto *taste*
consejo *advice*	propósito *purpose*
convertirse en *to become*	radioyente *listener*
feroz *ferocious*	

A. Complete the sentences below with the appropriate word or words. Remember that you may have to change the ending of the nouns or adjectives, or conjugate the verbs.

concentrarse / consejo / feroz / gigantesca / el gusto / el propósito / radioyente

1. La comunidad hispana _____ en varias ciudades de los EE.UU.

2. Las contribuciones de los hispanos en EE.UU. han sido _____.

3. _____ de los hispanos con respecto a la música es un poco diferente al de los norteamericanos.

4. A las personas que escuchan la radio se les llama _____.

5. La lucha para atraer a los radioyentes es muchas veces intensa y muy _____.

6. _____ de muchos programas es informar al público.

7. A muchas personas les gusta escuchar programas donde pueden recibir _____ para resolver sus problemas.

B. Write complete sentences with the following expressions.

campo de batalla / convertirse en

1. _____

2. _____

Escucha

You will now listen to a short narrative about a trend in radio listening in the United States. First read the questions below so that you know what information you will need. Then listen to the narrative and answer the questions.

1. ¿Cuál es el tema principal de la narración?

_____

_____

2. ¿Por qué existe la situación que se describe en Los Ángeles?

_____

_____

3. ¿Por qué es importante la radio para los inmigrantes?

_____

_____

Más detalles

Listen to the dialogue again and complete the following sentences.

1. Hay una gran competencia entre las estaciones de radio a causa de _____
    _____.

2. Hay más competencia en las ciudades donde _____
    _____.

3. Se dice que uno de los locutores de la radio hispana es _____
    _____.

4. Para llegar a sus trabajos los angelinos tienen que _____
    _____.

5. La competencia en Los Ángeles es más feroz durante _____.

6. En la radio los inmigrantes encuentran _____
    _____.

7. Mucha información en la radio es sobre _____.

8. El propósito más importante de la radio para los hispanos es _____
    _____.

Situaciones

Try to use the following expressions in the situations below.

perder el tiempo   *to waste time*
estar harto   *to be fed up*
tomar una decisión   *to make a decision*
por otro lado   *on the other hand*

A. Si tú pudieras empezar una pequeña estación de radio en tu escuela, ¿qué tipo de estación empezarías? Explica por qué. Menciona a quién escogerías de locutor, el tipo de programa, el tipo de música, etc.

B. Muchas personas llaman a las estaciones de radio para hablar de sus problemas personales. ¿Piensas que estos programas tienen algún valor? Explica por qué.

C. Imagina que llamas a una estación de radio con un problema. Define el problema y trata de recibir consejos del locutor. Un compañero o compañera de clase hará el papel de locutor o locutora.

Un poco más de práctica

Part A

DIRECTIONS: For each item in this part, you will hear four sentences designated *a, b, c,* and *d*. They will not be printed in your book. As you listen, look at the picture in your book and select the choice that best reflects what you see in the picture or what someone in the picture might say. Remember, you will hear the choices only once. Now listen to the four sentences.

a.   b.   c.   d.

Part B

DIRECTIONS: You will now hear two short selections. For each selection, you will see printed in your book one or more questions with four possible answers. They will not be spoken. Select the best answer to each question from among the four choices printed and circle the corresponding letter. You will have 12 seconds to answer each question.

Selección número 1

1.   ¿Qué programa se anuncia?

    a.   Un documental.

    b.   Un noticiero.

    c.   Un partido.

    d.   Una novela.

Selección número 2

1.   ¿Qué producto se discute en este anuncio?

    a.   Una bebida alcohólica.

    b.   Una medicina.

    c.   Un programa de ejercicios.

    d.   Un alimento.

Visiones del pueblo

Mira y describe

Look at the drawing and describe the scene in as much detail as possible.

Piensa y escribe

Read the following questions and think about the answers. Before sharing your responses with your classmates, make a list of key words or take notes to help you with the discussion.

1. ¿Qué tipo de arte te gusta? Explica por qué.

   _____

   _____

2. ¿Por qué son importantes los museos para la comunidad?

   _____

   _____

3. Muchos dicen que el graffiti es una expresión artística que debemos reconocer. ¿Cuál es tu opinión? ¿Debe exhibirse el graffiti en los grandes museos o piensas que no debe estar en los museos?

   _____

   _____

   _____

Estudia y repasa

Study the following words and expressions, as they will help you understand the narrative you will hear.

al mismo tiempo *at the same time*
a pesar de *in spite of*
cofre *trunk; coffer*
dar a conocer *to make known*
disfrutar *to benefit by; to enjoy*
herencia *heritage*
madera *wood*
máscaras *masks*
moros *Moors*
muñeca *doll*
recorrer *to travel*
riqueza *riches; wealth*
valentía *courage; bravery*

A. Give a word of the same family.

riqueza _____   valentía _____

B. Complete the sentences below with the appropriate word or words.

los moros / la herencia / un recorrido / una máscara / un cofre /
disfrutar / muñecas / madera

1. La exhibición va a hacer _____ por muchos museos del país.

2. Nosotros siempre _____ las visitas a las galerías de arte.

3. No reconocí a Efraín porque él llevaba _____.

4. Cuando era joven, mi mamá coleccionaba _____ porque le gustaba jugar con ellas.

5. El marco (*the frame*) del cuadro es de _____.

6. Tengo mi colección de monedas en _____ para que mi hermanito no juegue con ellas.

7. _____ llegaron a España procedentes del África del Norte.

8. Esta exhibición celebra _____ del pueblo latinoamericano.

C. Write complete sentences with the following expressions.

a pesar de / al mismo tiempo / dar a conocer

1. _____

2. _____

3. _____

Escucha

You will now listen to a short narrative about an art exhibit. First read the questions below so that you know what information you will need. Then listen to the narrative and answer the questions.

1. ¿Cuál es el propósito de la exhibición?

_____

_____

2. ¿Cuáles son algunas de las funciones del arte popular?

_____

_____

3.   ¿Cuáles son los símbolos constantes en el arte popular latinoamericano?

_____

Más detalles

Listen to the narrative again and complete the following sentences.

1.   La exhibición ha recorrido _____.

2.   Los objetos en la exhibición son de carácter _____.

3.   Una de las celebraciones más dramáticas del pueblo hispano es _____

     _____.

4.   Las máscaras en esta exhibición representan _____

     _____.

5.   A Santiago se le atribuye _____.

6.   Muchos pueblos y ciudades en Latinoamérica tienen el nombre de

     _____.

7.   El jaguar es un símbolo de _____.

Situaciones

Try to use the following expressions in the situations below.

en vez de   *instead of*   por lo general   *generally*
de modo que   *so (that)*   soñar con   *to dream of*
sin duda   *without doubt*

A.   Convence a un compañero o a una compañera de clase para que vaya contigo a
     ver la exhibición Visiones del Pueblo. Háblale del tipo de objetos que puede ver y
     todo lo que puede aprender. Tu compañero o compañera te hará preguntas sobre
     el tema.

B. Escoge una obra de arte (por ejemplo un cuadro de Picasso), y explícale a tus compañeros de clase la obra. Incluye en tu explicación por qué tú crees que el artista usó esos colores, lo que las figuras y los objetos representan, lo que sentía el artista, etc.

Un poco más de práctica

Part A

DIRECTIONS: For each item in this part, you will hear four sentences designated *a, b, c,* and *d.* They will not be printed in your book. As you listen, look at the picture in your book and select the choice that best reflects what you see in the picture or what someone in the picture might say. Remember, you will hear the choices only once. Now listen to the four sentences.

a.   b.   c.   d.

Part B

DIRECTIONS: You will now hear two short selections. For each selection, you will see printed in your book one or more questions with four possible answers. They will not be spoken. Select the best answer to each question from among the four choices printed and circle the corresponding letter. You will have 12 seconds to answer each question.

Selección número 1

1. ¿Por qué está enojada la chica?
   a. Porque el museo está cerrado.
   b. Porque no encuentra la galería.
   c. Porque su tío no llegó a tiempo.
   d. Porque se ha terminado el fin de semana.

2. ¿Qué deciden hacer los chicos?
   a. Visitar un museo.
   b. Regresar más tarde.
   c. Ir a otro lugar.
   d. Volver a su casa.

Selección número 2

1. ¿Para qué tipo de evento es esta invitación?
   a. Para un nuevo proyecto urbano.
   b. Para una exhibición en una galería.
   c. Para una fiesta de un escultor.
   d. Para una celebración en la calle.

Un animal incomparable

Mira y describe

Look at the drawing and describe the scene in as much detail as possible. You may use the vocabulary in the drawing to help you with your description.

Piensa y escribe

Read the following questions and think about the answers. Before sharing your responses with your classmates, make a list of key words or take notes to help you with the discussion.

1. ¿Cuál es tu animal preferido? ¿Por qué?

   _____

   _____

2. ¿Piensas que los animales entrenados para entretener al público sufren mucho? ¿Es cruel mantener a estos animales en parques de atracciones? Explica tu respuesta.

   _____

   _____

   _____

   _____

3. ¿Qué obligaciones tenemos los humanos de proteger la fauna?

   _____

   _____

   _____

   _____

Estudia y repasa

Study the following words and expressions, as they will help you understand the narrative you will hear.

acercarse   *to approach; to come near*
amabilidad   *kindness*
asombrados   *astonished*
atrapar   *to catch; to trap*
a través   *through*
ciego   *blind*
cifras   *figures; numbers*
cuidadoso   *careful*
dar resultado   *to work well; to produce good results*
distinguir   *to distinguish*
entrenador   *trainer*
esfuerzos   *efforts*
evitar   *to avoid*
ley (f.)   *law*

pescar   *to fish*
pescador   *fisherman*
red (f.)   *fisherman's net*
semejantes   *similar; alike*
sonido   *sound*

A.   Complete the sentences below with the appropriate word or words.

distinguir / leyes / ciego / evitar / pescar / esfuerzos / las redes / asombrado / los entrenadores / los pescadores

1. En muchos parques de atracciones _____ muestran al público lo que los animales pueden hacer.

2. El público siempre se queda _____ cuando ve la inteligencia de estos animales.

3. Hoy día muchos países tienen _____ para proteger ciertos animales, y así evitar su extinción.

4. Todos tenemos que hacer _____ para mantener los océanos limpios.

5. Tenemos que _____ que los pescadores maten tantos peces.

6. Ese chico no puede _____ la diferencia entre los peces y los moluscu-los.

7. En los pueblos cerca del mar se pueden ver _____ salir

   muy temprano en sus botes. Ellos van a _____ todo el día.

   Cuando regresan ponen _____ al sol para que se sequen.

8. Ese señor no puede ver; es _____.

B.   Give a word of the same family.

acercarse _____   amabilidad _____

cuidadoso _____   entrenador _____

sonido _____

C.   Give an antonym of the following words.

atrapar _____   semejante _____

D.   Give a synonym of the following words.

cifra _____   semejante _____

Escucha

You will now listen to a short narrative about dolphins. First read the questions below so that you know what information you will need. Then listen to the narrative and answer the questions.

1. ¿Por qué son interesantes los delfines? _____
   _____
   _____
   _____

2. ¿Dónde viven los delfines?
   _____
   _____

3. ¿Cómo mueren muchos delfines?
   _____
   _____

Más detalles

Listen to the narrative again and complete the following sentences.

1. Una de las características de los delfines es que pueden
   _____.

2. El delfín sabe si una persona viene con propósitos _____
   _____.

3. En el Río Ganges existen unos delfines que son _____
   _____.

4. En el año 1990 murieron _____.

5. Una ley prohibe que los pescadores usen _____ para pescar.

6. Muchas organizaciones hacen esfuerzos para _____
   _____.

Situaciones

Try to use the following expressions in the situations below.

tener la culpa   *to be guilty; to be to blame*
por lo menos   *at least*
o sea . . .   *that is to say . . .*
por lo general   *in general*
portarse bien / mal   *to behave well / badly*

A. Hoy día hay mucha controversia sobre el uso de las pieles de los animales para hacer ropa o para decorar. Escoge un compañero o compañera de clase que tenga ideas contrarias a las tuyas sobre el tema. Discutan sus opiniones y preséntenselas a los otros estudiantes.

B. Uno de tus vecinos se queja porque un animal que tienes en tu casa hace mucho ruido. Un compañero o compañera hará el papel de vecino. Pídele disculpas y explícale por qué es importante para ti tener un animal y lo que vas a hacer para mejorar la situación.

C. Discute con tus compañeros de clase las ventajas y desventajas de tener un animal doméstico en una ciudad grande y en el campo.

Un poco más de práctica

Part A

DIRECTIONS: For each item in this part, you will hear four sentences designated *a, b, c,* and *d.* They will not be printed in your book. As you listen, look at the picture in your book and select the choice that best reflects what you see in the picture or what someone in the picture might say. Remember, you will hear the choices only once. Now listen to the four sentences.

a.   b.   c.   d.

Part B

DIRECTIONS: You will now hear two short selections. For each selection, you will see printed in your book one or more questions with four possible answers. They will not be spoken. Select the best answer to each question from among the four choices printed and circle the corresponding letter. You will have 12 seconds to answer each question.

Selección número 1

1. ¿Qué hacen estas personas?

    a. Se pasean.

    b. Se saludan.

    c. Se despiden.

    d. Se casan.

Selección número 2

1. ¿Qué evento se anuncia?

    a. Una clase.

    b. Un viaje.

    c. Un examen.

    d. Una reunión.

Listening Comprehension Practice for the SAT II

Part A   Visuals

DIRECTIONS: For each item in this part, you will hear four sentences designated *a, b, c,* and *d.* They will not be printed in your book. As you listen, look at the picture in your book and select the choice that best reflects what you see in the picture or what someone in the picture might say. Remember, you will hear the choices only once.

1.   a.   b.   c.   d.

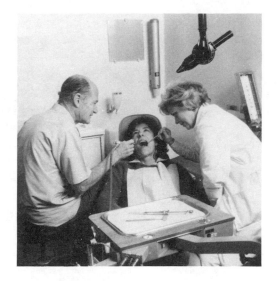

2.　a.　b.　c.　d.

3.　a.　b.　c.　d.

4.　a.　b.　c.　d.

5.   a.   b.   c.   d.

6.   a.   b.   c.   d.

7.   a.   b.   c.   d.

8. a. b. c. d.

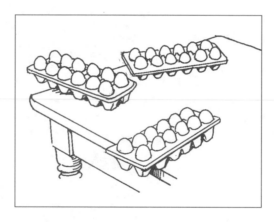

9. a. b. c. d.

10.   a.   b.   c.   d.

11.   a.   b.   c.   d.

12.   a.   b.   c.   d.

13.   a.   b.   c.   d.

14.   a.   b.   c.   d.

15.   a.   b.   c.   d.

16. a. b. c. d.

17. a. b. c. d.

18   a.   b.   c.   d.

19.   a.   b.   c.   d.

20. a.   b.   c.   d.

21. a.   b.   c.   d.

22.   a.   b.   c.   d.

23.   a.   b.   c.   d.

24. a. b. c. d.

25. a. b. c. d.

26.   a.   b.   c.   d.

27.   a.   b.   c.   d.

28.   a.   b.   c.   d.

29.   a.   b.   c.   d.

30.   a.   b.   c.   d.

31.   a.   b.   c.   d.

32.   a.   b.   c.   d.

33.   a.   b.   c.   d.

34.   a.   b.   c.   d.

35.   a.   b.   c.   d.

36. a.   b.   c.   d.

37. a.   b.   c.   d.

38. a.   b.   c.   d.

39. a. b. c. d.

40. a. b. c. d.

Part B Rejoinders

DIRECTIONS: In this part you will hear several short conversations or parts of conversations followed by four choices designated *a, b, c,* and *d.* After you hear the four choices, choose the one that most logically continues or completes the conversation and mark your answer in your book. Neither the conversations nor the choices will be printed in your book.

1. a b c d   11. a b c d   21. a b c d

2. a b c d   12. a b c d   22. a b c d

3. a b c d   13. a b c d   23. a b c d

4. a b c d   14. a b c d   24. a b c d

5. a b c d   15. a b c d   25. a b c d

6. a b c d   16. a b c d   26. a b c d

7. a b c d   17. a b c d   27. a b c d

8. a b c d   18. a b c d   28. a b c d

9. a b c d   19. a b c d   29. a b c d

10. a b c d   20. a b c d   30. a b c d

Part C Short Selections

DIRECTIONS: You will now hear a series of selections. For each selection, you will see printed in your book one or more questions with four possible answers. They will not be spoken. Select the best answer to each question from among the four choices printed and circle the corresponding letter. You will have 12 seconds to answer each question.

Selección número 1

1. ¿Qué problema tiene el joven?

    a. No sabe hablar inglés.

    b. Los discos se acabaron.

    c. Su tocadiscos se rompió.

    d. Sus amigos se fueron.

Selección número 2

1. ¿Cuál es la ventaja de este coche?

    a. Es espacioso.

    b. Es rápido.

    c. Es eléctrico.

    d. Es económico.

Selección número 3

1. ¿Dónde tiene lugar la conversación?

    a. En una tienda.

    b. En la calle.

    c. En la estación de policía.

    d. En la oficina de correos.

Selección número 4

1. ¿Quiénes se pueden beneficiar con este servicio?
   a. Los jóvenes que buscan trabajo.
   b. Los niños con problemas dentales.
   c. Las personas que están a dieta.
   d. Las personas con mucha tensión.

Selección número 5

1. ¿Adónde van estos chicos?
   a. Al banco.
   b. A la peluquería.
   c. Al cine.
   d. Al teatro.

Selección número 6

1. ¿Qué se anuncia en este mensaje?
   a. El horario de eventos deportivos.
   b. El horario de películas.
   c. El horario de televisión.
   d. El horario de trenes.

Selección número 7

1. ¿Por qué no fue a clase Alicia?
   a. Porque no hizo el trabajo.
   b. Porque no encontró la sala de clase.
   c. Porque no se levantó temprano.
   d. Porque no llegó a tiempo.

2. ¿Cómo llegó Alicia a la escuela?
   a. A pie.
   b. En metro.
   c. En coche.
   d. En bicicleta.

Selección número 8

1. ¿Qué tiempo hace en esta parte del país?

    a. Hace mal tiempo.

    b. Está soleado.

    c. Nieva mucho.

    d. Hay humedad.

Selección número 9

1. ¿Dónde tiene lugar esta conversación?

    a. En un apartamento.

    b. En un banco.

    c. En una lavandería.

    d. En una tienda.

2. ¿Qué problema tiene una de las jóvenes?

    a. No puede encontrar la blusa.

    b. No tiene dinero para comprar la blusa.

    c. No le queda bien la blusa.

    d. No le gusta la blusa.

Selección número 10

1. ¿Para quién es este anuncio?

    a. Para personas interesadas en modelar.

    b. Para personas interesadas en viajes.

    c. Para personas interesadas en ser vendedores.

    d. Para personas interesadas en ser profesores.

2. ¿Cómo pueden participar las personas interesadas?

    a. Siguiendo un curso especial.

    b. Llamando por teléfono.

    c. Haciendo compras.

    d. Escribiendo una receta.

Selección número 11

1. ¿Dónde tiene lugar la conversación?
   a. En una carretera.
   b. En un estadio.
   c. En una casa.
   d. En un cine.

2. ¿Por qué no pueden ver nada?
   a. A causa de la oscuridad.
   b. A causa de los coches.
   c. A causa del tiempo.
   d. A causa de las casas.

Selección número 12

1. ¿Qué producto están anunciando?
   a. Un enjuague bucal.
   b. Una pintura de labios.
   c. Un tipo de maquillaje.
   d. Una pasta dentífrica.

Selección número 13

1. ¿Qué ha recibido Ernesto?
   a. Una mala noticia.
   b. Un nuevo puesto.
   c. Un premio.
   d. Un contrato.

Selección número 14

1. ¿Qué esperan los pasajeros?
   a. El autobús de Mérida.
   b. La salida de un avión.
   c. El capitán de un barco.
   d. La llegada de un tren.

Selección número 15

1. ¿Qué problema tiene Alejandro?
    a. Tiene mucho dolor en los pies.
    b. No puede participar en la competición.
    c. Tiene que quedarse en el campo.
    d. No ha sido seleccionado para la competición.

Selección número 16

1. ¿Qué le ha sucedido al doctor Ramírez?
    a. No se sabe dónde está.
    b. Ha descubierto una cura importante.
    c. No encuentra a su familia.
    d. Está enfermo de tuberculosis.

Selección número 17

1. ¿Qué necesita recoger Teresa?
    a. Muebles.
    b. Ropa.
    c. Unos cubiertos.
    d. Un coche.

2. ¿Por qué necesita ir antes del jueves?
    a. Porque Andrés va a vender su coche.
    b. Porque Andrés se va de vacaciones.
    c. Porque Andrés se tiene que acostar temprano.
    d. Porque Andrés se va a vivir a otro lugar.

Selección número 18

1. ¿Qué sucede en esta situación?
    a. El señor no encuentra su dinero.
    b. La señorita no tiene suficiente dinero.
    c. El señor no recibe el cambio correcto.
    d. La señorita no puede cambiar los boletos.

Selección número 19

1. ¿De qué se queja Antonio?
   a. Del calor.
   b. Del frío.
   c. De la lluvia.
   d. De la nieve.

Selección número 20

1. ¿Dónde se encuentra esta tienda?
   a. Cerca del mar.
   b. En un piso alto.
   c. En las montañas.
   d. Detrás del estadio.

Selección número 21

1. ¿Qué opinión tiene la mujer del último libro de García Márquez?
   a. Es muy caro.
   b. Es muy complicado.
   c. Es muy largo.
   d. Es muy bueno.

2. ¿Qué se sabe del hombre que habla?
   a. No sabe leer.
   b. Ha escrito dos libros.
   c. Está casado.
   d. No sabe mucho de literatura.

Selección número 22

1. ¿Dónde tiene lugar la conversación?
   a. En el mercado.
   b. En la aduana.
   c. En el banco.
   d. En la perfumería.

2. ¿Qué problema tiene la mujer?
   a. No puede salir del país.
   b. No tiene un regalo para sus familiares.
   c. Sus maletas pesan demasiado.
   d. Tiene que pagar impuestos.

Selección número 23

1. ¿Qué problema tiene la mujer?
    a. No tiene dónde sentarse.
    b. No está desocupada.
    c. No encuentra a su hermana.
    d. No hay boletos disponibles.

2. ¿Qué decide la mujer?
    a. Quedarse aunque no tenga butaca.
    b. Pedir que le devuelvan el dinero.
    c. Comprar la obra de arte.
    d. Ir a comprar dulces.

Selección número 24

1. ¿Dónde tiene lugar la conversación?
    a. En una agencia de viajes.
    b. En un autobús.
    c. En una oficina de correos.
    d. En un restaurante.

2. ¿Dónde está la oficina de correos?
    a. Bastante cerca.
    b. Detrás de la Plaza.
    c. A muchas cuadras de allí.
    d. En la esquina del parque.

Selección número 25

1. ¿Dónde tiene lugar esta conversación?
    a. En un tren.
    b. En un barco.
    c. En un avión.
    d. En un coche.

2. ¿Cuándo tiene lugar la conversación?

    a.   Por la tarde.

    b.   Por la mañana.

    c.   Por la noche.

    d.   Por la madrugada.

Selección número 26

1. ¿Qué le sucedió al señor?

    a.   Desapareció su amigo.

    b.   No encontró la tienda.

    c.   Vio a alguien en el banco.

    d.   Le robaron la bolsa.

2. ¿Qué ocurrió?

    a.   Un robo.

    b.   Una despedida.

    c.   Un accidente.

    d.   Una pelea.

3. ¿Con quién parece hablar el señor?

    a.   Con una cajera.

    b.   Con un banquero.

    c.   Con un policía.

    d.   Con una mesera.

Selección número 27

1. ¿Qué ocurrió en el norte del estado?

    a.   La muerte de alguien famoso.

    b.   La apertura de un supermercado.

    c.   Un desastre natural.

    d.   Un evento festivo.

2. ¿Qué hacen los equipos de rescate?

    a.   Ayudan a los ciudadanos.

    b.   Envenenan a los animales.

    c.   Trabajan en las oficinas.

    d.   Destruyen algunas casas.

Selección número 28

1. ¿Qué está haciendo esta pareja?

    a. Cocinando la cena.

    b. Mirando un incendio.

    c. Comiendo en un restaurante.

    d. Tomando sol.

2. ¿Qué le sugiere la mujer?

    a. Ir al doctor.

    b. Sentarse a la sombra.

    c. Quemar los papeles.

    d. Bajarse del árbol.

Selección número 29

1. ¿De qué evento hablan?

    a. De un partido.

    b. De una clase.

    c. De una fiesta.

    d. De un viaje.

2. ¿Por qué no va ella al evento?

    a. Porque no quiere ir sola.

    b. Porque no sabe dónde es.

    c. Porque no conoce a Alberto.

    d. Porque no tiene dinero.

Selección número 30

1. ¿Por qué está fría la comida?
   a. Porque Inés llegó tarde.
   b. Porque su padre tuvo que trabajar tarde.
   c. Porque su padre no sabe cocinar.
   d. Porque no hay electricidad.

2. ¿Qué le pide el padre a Inés?
   a. Que no vaya a la oficina.
   b. Que sea más considerada.
   c. Que se acueste temprano.
   d. Que no salga tan tarde.

Part D Long Selections

DIRECTIONS: You will now hear some extended dialogues or monologues. You will hear each only *once*. After each dialogue or monologue, you will be asked several questions about what you have just heard. These questions are printed in your book. Select the best answer to each question from among the four choices printed and circle the corresponding letter.

Selección número 1

1. ¿Qué le pasa a Julia?

   a.   No encuentra a su tía.

   b.   No encuentra su coche.

   c.   No quiere ir al aeropuerto.

   d.   No tiene mucho tiempo.

2. ¿Por qué tiene que ir Julia al aeropuerto?

   a.   Porque va de viaje a Portugal.

   b.   Porque necesita recoger a su tía.

   c.   Porque tiene que recoger a su primo.

   d.   Porque trabaja en la aduana.

3. ¿Por qué necesita Julia la ayuda de Alberto?

   a.   Porque no sabe ir al aeropuerto.

   b.   Porque nadie quiere salir con ella.

   c.   Porque nunca ha visto a su primo.

   d.   Porque no conoce a nadie en Portugal.

4. ¿Cómo va a reconocer Julia a su primo Alfonso?

   a.   Por su apariencia.

   b.   Porque ha visto una foto de él.

   c.   Porque su tía va con ellos.

   d.   Porque ha vivido con él por mucho tiempo.

Selección número 2

1. ¿Cuál es el tema de esta conversación?
   a. Los restaurantes elegantes.
   b. El regalo para una amiga.
   c. Los cambios en un barrio.
   d. El ambiente de la escuela.

2. ¿Qué le molesta a Marcos?
   a. Que no pueda pagar su alquiler.
   b. Que no haya muchos restaurantes baratos.
   c. Que no pueda comer con Clara.
   d. Que cerraran su escuela.

3. ¿Qué prefiere hacer Marcos?
   a. Ir de compras en tiendas caras.
   b. Comer con su familia en su casa.
   c. Ir de paseo por su barrio.
   d. Comer en restaurantes pequeños.

4. ¿Qué se puede decir sobre Clara y Marcos?
   a. Están interesados en la comunidad.
   b. Son muy desconsiderados.
   c. Les gustan los cambios en su barrio.
   d. Quieren mudarse a otro vecindario.

Selección número 3

1. ¿Qué le había prometido Jorge a su madre?
   a. Vender su motocicleta.
   b. Arreglar la computadora.
   c. Quedarse en su cuarto.
   d. Ayudar en la casa.

2. ¿Por qué no ha estudiado Jorge?
   a. Porque no tiene tarea.
   b. Porque está limpiando la casa.
   c. Porque no tiene los libros en su casa.
   d. Porque está jugando con la computadora.

3. ¿Qué arregló Jorge ayer?
   a. Su motocicleta.
   b. Su computadora.
   c. Su coche.
   d. Su escritorio.

4. ¿Qué piensa Jorge de la situación en su casa?
   a. Que lo tratan como a un rey.
   b. Que sus padres discuten mucho.
   c. Que él tiene que hacer todo.
   d. Que Raquel lo molesta siempre.

Selección número 4

1. ¿Dónde tiene lugar esta conversación?
   a. En una tienda.
   b. En un banco.
   c. En un cine.
   d. En una oficina.

2. ¿Qué tipo de máquina quiere el señor?
   a. Una que no sea muy grande.
   b. Una que no sea difícil de usar.
   c. Una que tenga instrucciones en español.
   d. Una que pueda llevar a su trabajo.

3. ¿Por qué no hace la compra en ese momento el señor?

    a. Porque no tiene suficiente dinero.

    b. Porque no tiene una tarjeta de crédito.

    c. Porque no le gusta el modelo.

    d. Porque no quiere gastar tanto dinero.

4. ¿Adónde va el señor al final del diálogo?

    a. A su casa.

    b. Al mercado.

    c. Al banco.

    d. A su oficina.

Selección número 5

1. ¿Qué problema tiene el padre de Victoria?

    a. No está satisfecho en su trabajo.

    b. Está enfadado con Victoria.

    c. No está ganando mucho dinero.

    d. Ha perdido su trabajo.

2. ¿Qué necesitan decidir Carlos y Victoria pronto?

    a. Qué carrera estudiar.

    b. Cuándo empezar sus estudios.

    c. Qué hacer durante el verano.

    d. Dónde ir a divertirse.

3. ¿Qué piensa estudiar Victoria?

    a. Relaciones Públicas.

    b. Relaciones Internacionales.

    c. Trabajo Social.

    d. Negocio.

4. ¿Qué van a hacer Carlos y Victoria al final de la conversación?

    a. Buscar un trabajo.

    b. Hablar con su padre.

    c. Poner en orden el cuarto.

    d. Tomar un refresco.

Selección número 6

1. ¿Por qué no puede ir Silvia al partido?

   a. Porque tiene muchos exámenes.

   b. Porque va de viaje con sus padres.

   c. Porque su padre no se lo permite.

   d. Porque va a estar ocupada ese fin de semana.

2. ¿Qué tienen en común Silvia y Bernardo?

   a. Tienen el mismo problema.

   b. Trabajan en el mismo lugar.

   c. Salen siempre con sus padres.

   d. Son demasiado serios.

3. ¿Qué va a pedirle Bernardo a su madre?

   a. Que hable con el padre de Silvia.

   b. Que no moleste tanto a Silvia.

   c. Que visite más a sus amigos.

   d. Que no sea tan estricta.

Selección número 7

1. ¿De qué trata este comentario?
    a. De un conflicto internacional.
    b. De una compañía de teatro.
    c. De una compañía de baile.
    d. De una crítica de un ballet.

2. ¿A qué se vio obligada la Sra. Hernández?
    a. A formar dos compañías.
    b. A emigrar a Europa.
    c. A comprar un teatro más grande.
    d. A cambiar el propósito de la compañía.

3. ¿Qué han hecho otros países?
    a. Han criticado mucho a la Sra. Hernández.
    b. Han establecido sus propias compañías.
    c. Han estudiado las costumbres de sus ciudadanos.
    d. Han establecido relaciones con los Estados Unidos.

Selección número 8

1. Según la narración, ¿por qué fue importante el maíz para los indios de las Américas?

    a. Porque les servía de alimento.

    b. Porque los ayudó a vivir en paz.

    c. Porque les dio poder económico.

    d. Porque los ayudó a ganar muchas guerras.

2. ¿Para qué usaban los aztecas el maíz?

    a. Para comprar otros alimentos.

    b. Para limpiar los metales.

    c. Para ceremonias religiosas.

    d. Para eventos deportivos.

3. ¿Quiénes llevaron el maíz a las Filipinas y África?

    a. Los europeos.

    b. Los incas.

    c. Los norteamericanos.

    d. Los indios del Caribe.

4. En los Estados Unidos, ¿dónde se usa el maíz?

    a. En las decoraciones de las casas.

    b. En las joyerías del sur.

    c. En ceremonias religiosas.

    d. En muchos restaurantes.

Selección número 9

1. Según la narración, ¿qué opinión tenían muchos de la música rap?
   a. Que iba a ser prohibida.
   b. Que no iba a durar.
   c. Que era inferior.
   d. Que no era muy innovadora.

2. ¿Dónde se originó la música rap?
   a. En Nueva York.
   b. En Los Ángeles.
   c. En Barcelona.
   d. En Puerto Rico.

3. ¿Cuándo obtuvo fuerza la música rap latinoamericana?
   a. Al ser llevada a los barrios de Barcelona.
   b. Al ser cantada en inglés por grupos hispanos.
   c. Al unirse a la música de los barrios negros.
   d. Al unirse al "rock and roll" norteamericano.

4. ¿Cuál es el propósito más importante de este tipo de música?
   a. Darle trabajo a grupos minoritarios.
   b. Ayudar a que los jóvenes olviden sus problemas.
   c. Contribuir al desarrollo económico de los EE.UU.
   d. Protestar contra los problemas de la sociedad.

Selección número 10

1. ¿Cuál es el tema de esta narración?

   a. Las películas españolas en Norteamérica.

   b. Las telenovelas hispanomericanas en España.

   c. Los problemas de la importación de programas.

   d. Los horarios de los programas de televisión.

2. ¿Por qué miraron quince millones de personas el programa *Cristal*?

   a. Porque se terminaba en esos días.

   b. Porque cambiaron el horario.

   c. Porque daban muchos premios.

   d. Porque el tema era explosivo.

3. ¿Cómo se explica el éxito de estos programas?

   a. Enseñan una lengua extranjera.

   b. Tienen un valor cultural inigualable.

   c. Se transmiten varias veces al día.

   d. Sirven de escape de la realidad.

4. Según la selección, ¿cuál es uno de los atractivos de estos programas?

   a. Ayudan a las estaciones a vender muchos anuncios.

   b. Ayudan a calmar la ansiedad de los niños.

   c. Sirven para informar al público.

   d. Cuesta muy poco producirlos.